JN411476

하늘에 짓는 집

강현옥 시집

시와 사람

하늘에 짓는 집

2023년 12월 10일 인쇄
2023년 12월 15일 발행

지은이 강현옥

펴낸이 강경호 편집장 강나루 디자인 정찬애
펴낸곳 도서출판 시와사람
등록 1994년 6월 10일 제 05-01-0155호
주소 광주시 동구 양림로119번길 21-1(학동)
전화 (062)224-5319 E-mail jcapoet@hanmail.net

ISBN 978-89-5665-707-3 03810

값 12,000원

*잘못된 책은 구입하신 서점에서 바꾸어 드립니다.
*지은이와의 협의로 인지를 붙이지 않습니다.
*이 책은 전라남도, (재)전라남도문화재단의 후원을 받아 발간되었습니다.

공급처 ■ 한국출판협동조합
경기도 파주시 적성면 적성산단3로 10 (적성일반산업단지 내)
주문전화 (02)716-5616, 070-7119-1740

© 강현옥, 2023
이 책의 저작권은 저자에게 있습니다.
저작권에 의해 보호를 받는 저작물이므로 저자의 허락 없이
무단 전재와 복제를 금합니다.

하늘에 짓는 집

시집을 내면서

2010년,
모든 것이 새롭게 시작된 해였습니다.
15년 동안 치열하게 살았던 광주에서의 삶을 정리하고,
40살이 넘은 나이에 하숙생 같았던 나주에서 처음부터 다시 시작해야 했습니다.
막막했고,
할 수 있는 것이 없었습니다.
우연한 기회에 들른 한실문예창작 부드런문학회 수업...
박덕은 교수님의 유머 넘치는 수업과 문우님들의 격려,
가족 같은 분위기는 저를 이끄는 자석이었습니다.
내면의 뭔가를 끄적인다는 것은 저에게 소통의 통로였고,
서운함과 외로움, 두려움을 떨치는 고해성사와도 같은 시간이었습니다.

시를 통해 상처받은 마음을 드러낼 수 있었고,

시를 통해 그 상처를 치유할 수 있었습니다.

시를 통해 타인의 아픔을 공감할 수 있었고,

시를 통해 또 다른 새로운 세상을 노래할 수 있었습니다.

지금까지 건강하게 지도해주고 계신 박덕은 교수님과

부드런문학회 문우님들께 깊이 감사드립니다.

그 길에 동행하고 있는 나의 가족과 친구 애라, 조순, 영미, '결' 식구들에게도 사랑의 말을 전합니다.

부끄럽지만 첫 시집을 발간하게 되었습니다.

이 책이 나오기까지 성원해주고 격려해준 김민수 팀장님과 임동희 님에게도 감사의 말을 전합니다.

끝으로 이 모든 영광을 하나님께 올려드립니다.

- 2023년 가을의 끝자락에서

강현옥

축시

강현옥

박덕은

끈질기게 여름의 틈 파고들어
꽃들의 체취로 아득해지는
들녘 지평선 한복판에
용틀임하던 오로라
햇귀처럼 뻗어올랐다

절반의 성찰과
절반의 이상향으로
기다랗게 신비 펼쳐
아야라히 산맥 짚어
걸어오던 의미 자락

전라도에 멈춰 서더니
함지박처럼 넓게 자리잡고
봉인된 생각의 꽃향기 열어

꽃밭 펼쳐 놓았다

치열한 의식과 현실
디디고 서서 호령한 뒤
시심의 길로 들어섰다

기억의 책갈피가 꽂혀 있는
오솔길 나들이하던 중
만난 이미지와 담소
낯설게 하기와 손잡고

새롭게 바라보고
향긋이 해석하고
상상으로 버무려서

심장의 바깥에서 웅크리고 있는
새콤달콤 눈물방울까지
미소로 설득시켜
평화로움 굳게 새겨 놓았다

내일을 점화시키는 날개 만들어

이제 또다시 도약할 때
삶의 바다에서 푸르게
감동의 전율 돛대에 매달고

천리만리 달리다
솟구치다 뛰어넘어
가장 평온한 가슴이 될 때.

하늘에 짓는 집/ 차례

제3부 눈뜨지 못한 새벽

제4부 쑥의 계절

제5부 하늘에 짓는 집

제6부 여기 나주

평설

제1부

빨간 등대

섬진강가

그대가
거기
있습니다

눈멀고 귀먹은
보잘 것 없는 걸음에
그저 웃기만 하는 그대

보타진 갈망에
와락
껴안습니다

비릿한 풀내음은
휑한 마디마디에
진한 독백으로 휘감기고

부드런 입맞춤은
못다 한 말들을
한 잎 한 잎 강물에 쏟아냅니다

그 잎이
다

떨어질 때까지

그대는 조용히 출렁이고
나는 푸른 물 들어
물풀 끝에 매달립니다.

산

한 발 한 발
보폭 맞추면
길 내어준다

뼛속 깊이
겹겹 쌓인 속울음
토해낼 때는
마디 굵은 손 내밀어 주고

쉼 없이
오르기만 할 때는
능선의 첫 줄
바람결에 풀어놓는다

속엣말
텅 빈 허공에 쏟아놓을 때는
여백으로 걸러 산허리에 매어놓고

포기하고픈
꼭짓점에 다다랐을 때는
아련한 수묵화 밑그림
한 폭 건네준다.

잡초

석양이 덧칠해지는 아스팔트 위
어느 결에 실려온 바람의 씨앗들

콘크리트 사이에
태양의 자손처럼 자라나

휘몰아치는 폭우에도
가녀린 몸 꼿꼿이 세워
하늘을 대면하며

저마다의 이름을 지니기 위해
흔들리며 일어선다

금방이라도 터질 듯한
뜨거움이 몸의 은밀함까지 녹일지라도

비명 한 번 지르지 못하고
뭉텅뭉텅 사라지는 비운일지라도

비록 보도블럭 위에
게으른 하품으로 널브러져
숨을 거둘지라도.

은파호수공원

늦가을이
시린 옷깃 파고들던 날
스무 살 설렘
미제지米堤池 솔밭 그림자로 서 있다

삼십 년 거슬러 올라간
시간의 너비
한눈에 담을 수 없는
쌀 뭍 방죽 가장자리 맴돌며

깊은 수면 아래
벚꽃 시절 두근거림
어둑해진 시간 위로
분수처럼 쏘아올리고 있다

그 사이 걷는
두 걸음
출렁출렁 내디딜 때마다
새 동심원으로 포개진다

알싸한 솔잎 향
저음의 물결로 일렁이고

희끗한 주름
서로의 다리 건너면

아스라이
추억 저편까지 끌어온 물빛다리
어둠 활짝 열어
은빛 풍경 깁고 있다.

맷돌

오래도록
갈고 닦여진
두 짝

위아래
둥근 설렘 품어
작은 우주 만든다

행여나
바람 구멍 내어
길 잃고 헤맬까

서로
다른 곳 바라보던
두 바퀴

너는 좌로
나는 우로
돌기 시작한다

몇 겁의
만남과 이별

반복하면서

단단한 별빛
우둘투둘 으깨어
한 권으로 곱게 쌓아 간다.

빨간 등대

어릴 적부터 혼자였다
주위 맴도는 물빛이 온몸 뜨겁게 휘감아도
석양이 지고 나면
얼굴은 늘 창백했고
닿을 수 없는 세계였다

누구에게도 마음 열지 못하는 외톨이
하루 종일 재잘대는 물결 일 때마다
멀미하듯 지평선 너머의 세상을 한 장 한 장 배워갈 뿐

어떤 날은 다리가 헤지도록 서서
창공에 점이 되는 철새 떼의 비상과
자리 비우고 돌아오는 물고기 떼의
힘찬 자맥질을 배우기도 했다

스무 살이 되자 붙박이 자신이 싫어졌다
잠든 밤바다 따위를
홀로 깨어 비추는 일에 싫증이 나
온몸의 불을 모조리 꺼 버렸다

어느 날
곱디고운 꽃들이

물 위로 둥둥 떠올랐다
손잡아 줄 누군가 없어
헤지고 찢어져 흔적 없이 사라졌다
처음으로 흩어진 꽃잎 부둥켜안고 꺼이꺼이 울었다

다시는 잠들지 않으리
다시는 보내지 않으리

단 하루도
눈 감지 않는 다짐으로
가슴까지 충혈 되어 지금껏 바다를 지키고 있다.

도서관

푸른 숲이
하얀 백지로 옮겨와
영원의 나이테를
키워가는 곳

시간의 두께만큼
육중한 고뇌들은
가난한 영혼의 심장을
보듬어주고

세월의 길이만큼
원숙한 경험들은
허기진 호기심을
손잡아 준다

한 장
한 장
손때 묻은 추억의
호흡이 새겨질수록

곰삭은 사유가
맥박마다 넘쳐흐르고

미혹迷惑되지 않는
향기가 뿌리를 내린다.

사색

밀물과 썰물의 중간 어디쯤
점을 찍는다

물보라는 희미해졌지만
평평해진 고도를 선으로 이으며
반추하는 시간들

바람 없는 날은
여유롭고 드넓은 곡선으로

비바람 치는 격정의 날은
숨조차 쉴 수 없는 간극으로

구불구불 휘어지며 달려와 보니
포물선 끝은
시작 앞에 서 있다

이쪽 저쪽
잡을 수 없는 거리에 있지만

평면으로 만나지는
시선의 세월만큼

점점 짧아지더니

까만 점으로
처음의 눈길 찍는다.

숲길

쉼 없는 여정
해무에 쌓여
끝이 보이지 않을 때
그곳에 간다

문 여는 순간
검버섯처럼 남은
가지의 흔적이
활자들을 펼치고 있다

한 그루에 한 장씩
강한 눈빛 내뿜으며
속으로 되뇌인 질문에
높이 써 올린 가지로 대답한다

흔들리던 그림자
털썩 주저앉자
앉은뱅이 들꽃이
눈꼽만 한 손등 내어주며 해살거린다

가끔 찾아드는 자리에
피어나는 작고 낮은 이야기

깡마른 가슴에
푸른 물 스며들어
꿈틀꿈틀 빈 원고지 채우고 있다

누군가 흘리고 간
길
짧지만 군더더기 없다.

꽃눈

야위어 가는
빈손으로
점 하나 찍고

좌로
아래로
흔들리더니

아무도 돌아보지 않는
바람의 뒷자락
둘러업고

긴긴 밤
시린 자리 품고 품어

수런거리는 봄빛 속으로
가장 먼저
마중 나간다.

제2부

매달려 피는 꽃

노인의 봄

동공 흐려지는 날에는
죽은 줄 알았던 허연 각질의 뿌리들이 꼼자락댄다
빼꼼이 열려진 창문 틈으로 햇살 한줌
비집고 들어오는 날에는
자다가도 몇 번씩 앙상한 손끝으로
고랑 일구어 물길까지 낸다
온기 잃은 작은 방
짜디짠 목소리만 둥둥 떠 있는 식은 밥상머리에
따스한 입김으로 잔물지는 모래밭
개켜 놓은 모시자락 한편으로 밀고
합죽이는 입술 있는 힘 모아
오늘이 어제 같고 어제가 내일 같은
엷은 미소 띄운다.

신발 · 1

하루의 문이 열린다
근육들이 먼저 알고 일어선다
꼭짓점 하나 찍어 놓고
끝없이 절뚝이며 한 방향으로 나아간다
또각또각 콧노래 부르며 나아간다
밑 단단한 깔창은
역동의 고단함 품고
물기 젖은 음표들은 주저 없이 나아간다
흔들리고 중심 잃은 꼬리표들이 부초처럼 떠다닐 때도
어둠 속에서도 앞으로 나아간다
기꺼이 감내하는 향기로움까지
가장 낮은 곳에서 눈을 맞추며 나아간다
뭉개지지 않는 노래 한 소절씩 힘껏 찍으며 나아간다.

마늘처럼

뒤란에 찬바람 서성일 때
엄마는 정갈하게 머리 빗고
말라진 지문 쪼개어
침묵 속으로 들어간다

가을걷이 끝내지 못한 아쉬움이
덮일 때마다
휘이잉 길 잃은 바람 몰고 와
목젖 울리고 있다

둥그런 파장 안으로
생전에 써 보지 못한
모음과 자음 들이
삐뚤빼뚤 쌓여 간다

기억을 잃어갈수록
몸이 가벼워질수록
굳은살 박힌
발가락 사이에서
심지만 남은 모정이 꿈틀댄다

매서운 눈보라 막아내며
한 꺼풀
처절한 외로움 이겨내며
한 꺼풀

안으로
품기만 하는
순백의 기도는
늘 알싸하고 매콤하다.

모내기 전 정경

일 년에 한 번
하늘이 마주보는 때가 있다
시린 겨울 품은 구름이
아래로 아래로 몸을 뉘인다

내려온다는 건
빈 몸이 되는 것
모서리 깎고 화려한 기억 녹여
새롭게 시작한다는 것

그 순간
덩어리는 고요로 잘게 눕고
꽃잎은 향기 흔들어
나직한 목소리로
현란한 의식을 준비한다

개굴개굴개굴
일제히 떼창이 시작된다
비나이다 비나이다
풍년 들게 하옵시고 무탈하게 하옵소서

밤샘 기도가
촉촉한 논길 타고
은빛으로 천지 휘감으면
줄지어 누운 볍씨들이 간절함으로
일제히 눈뜬다.

동치미

작은 항아리에 뉘인다
굴러도 깎여도
쌉쓰름한 시간들

나란히 눕자
먼 길 굽이쳐
찰박찰박 구석 적신다

꽁꽁 싸맨 표피들이
화들짝 놀라 달아나지만
허우적거릴수록 더 빨리 파고드는
빈 자리

어둠 속에서
발버둥친 몇 조각
살 속 깊은 곳까지 닿으면
꼿꼿한 척수가 흐물흐물 무너진다

바람의 소용돌이만큼
틈바구니를
미치도록 돌고 나면

늦가을 녹여낸
알싸함이
칼칼한 입맛 다신다.

페이지 터너

보일락 말락
보이지 않는 슬픈 그림자

침묵 꾹꾹 눌러
한 장 한 장 넘기지만

찰나의 순간
허공 가르는 손은 물기가 없고

긴장한 시선도
오롯한 음표 하나 가질 수 없다

들숨의 높이만큼
날숨의 기억들이 직각으로 부서지고

무언의 실타래는
화석된 하루의 좁은 공간을 두드린다

요동치던 곡선이
창백한 어둠 하나 불 밝힐 때는

빈자리 어디쯤
흔적 지워진 꽃으로 피어난다.

호치켓

그리움의 두께만큼
묵직한 기다림
깔고 누워

찰나의
순간
헤아린다

잠시 지쳐
한 눈이라도
팔라치면

닿을 듯 말 듯
좁은 공간에서조차
길을 잃는다

틱
마주치지 못한
둔탁함이 쌓여갈수록

정렬된 휘파람은
두려움으로

헛기침을 한다

틱
틱
틱

적당한 거리에서
감당할 수 있는 만큼
다가설 때

비로소
경쾌한 고리 만들며
꼬옥 껴안아 준다.

안녕

몸으로 담가 봐야
느낄 수 있는
아슬아슬한 경계

한 칸 한 칸
물결 계단 오르며
황홀함에 온몸 일렁이다가

한순간
낭떠러지 같은
태풍의 눈에서

아무리 움켜쥐려 애써도
주르륵 흘러내리는
몸부림

바다 깊이 새겨도
한 번의 출렁임으로
모조리 지워 버리는 바다금의 노래

쓸 수도 그릴 수도 없는 그곳
오늘도
주소 잃은 해무만 가득하다.

도시 텃밭

봄입술 오므리자
민낯이 아득한 시간 깨운다

두 평 남짓한
사랑 구역 2호

진득한 눈길 한번 주지 못하고
허허로움 콕콕 쪼아대는 그리움 불러 세운다

엉중엉중 다가서는 어설픔이
황톳빛 고랑들을 바라본다
마주서는 횟수만큼 봄볕이 물드는지
실오라기 하나 없는 추억들이 줄지어 누워 있다

오래된 이야기를 호미로 내리치자
가슴팍 통증들이 퍽퍽 사방으로 흩어지고
단단하던 혀의 언어들이 순순히 뒤섞인다

가루가 된 모음과 자음들이
오밀조밀 간극 벌려
덜 여문 씨앗 밀어 넣는다

한 번씩 발길 줄 때마다
통통히 살 오른 안부를 묻고
바라봐 주고
만지고 쓰다듬는 정성에
살아남은 휘파람 불어 준다

외다리로 서 있는
낯선 땅에서
잡초랑 함께 클지라도.

- 향촌문학상 시 부문 대상

어머니의 섬, 독도

억겹의 세월 낡은 치마폭에 담으며
뿌연 햇귀 잡고 일어서는 아침
밤새 안부 묻는 괭이갈매기의 울음에
콜록콜록 메마른 기침이 현기증 일으킨다

망망대해의 몸짓은 어제와 같으나
암갈색 허리춤은 보이지 않는 살을 깎아
굽어져 가는 절리의 새벽을 세우고
외로움 가득 등대 위에 걸어놓는다

밤새 문밖 서성이던 장군바위가
바다제비의 힘찬 날갯짓에
잠들지 못한 시름 내려놓으며
기상나팔 펄럭이고
머리맡 지키던 술패랭이 섬장대가
고사리 손 흔든다

고개 들자 어머니의 눈물이 지평선에 걸려 있다
죽어도 눈 감지 못하는 문무대왕의 혼을 받들며
어린 딸자식 한번 건사하지 못한 모진 운명이
출렁출렁 흐느껴 운다

허연 백발이 되어서야 깨닫는 모정
대물림하고 싶지 않은 왕명을 옷섶에 새겨 넣으며
동해의 검푸른 파도에
주름진 이마 적시며 일어선다

멀리 백두대간의 따스함이
울릉도를 지나 안용복 해산으로 뻗어오자
물개바위 독립문바위도 촉촉한 눈빛 거두고
물골바위의 생명수도 똑똑 호흡을 시작한다.

- 독도 문학상 수상작

그날의 함성

뻐꾸기 울음 구슬픈
수유리 묘지에 앉아
고이 잠든 당신 불러 봅니다

외로운 유년 탓하지 않고
십자가 사랑 구슬 꿰어
늘 함께한 순결함

비바람 몰아치던 한밤중엔
북두칠성 푯대 삼아
뚜벅뚜벅 나아가던 우직함

대쪽 같은 청백리의 기개로
시베리아 넘고 페테스브르크 거쳐
헤이그에 꽃피운 핏빛 조선

불의에 맞선 그 하얀 절규가
111년 동안
한반도의 심장으로 이어져

꺼질 줄 모르는 등불로
지금도 뜨겁게
타오르고 있습니다.

- 이준열사 문학상 수상작

제3부

눈뜨지 못한 새벽

눈뜨지 못한 새벽

어제가
충혈된 눈으로 뒤척인다

여명은 문밖 서성이는데
물끄러미 바라본다

구멍난 무릎이
어지러움을 수놓는다

헤진 발꿈치는
한 차례 지독한 목마름을 앓고 나면
한 뼘씩 커간다

낭떠러지 어디쯤
화석이 되었을지 모를 가지 더듬는다

희미해진 끝물이 못다 부른 노래
그 악보의 뒷 페이지를 넘길 수 있을까

동그랗게 바라보는 되돌이표 지우며
무거운 현기증 일으켜 세운다.

감

한 잎 두 잎
속 떨린 이별 시작되면

시린 그곳에
홀로 남은 계절

흔들리는 가지 틈에
납작 엎드린 채

바람의 눈을 타고
기어이 살아남아

아슬아슬하게 외줄 타던
떫은 두려움

장대 끝 높이려다
두 팔 벌려 껴안는다

어느 틈에 다가온 바람이
살며시 추신追申을 덧붙인다

달콤하기까지는
기다림을 더 견뎌야 한다고.

드라이플라워

빛살 들이치는 창가에
추억들이
거꾸로 매달려 있다

물길 흐르지 않는 살결엔
날실 씨실 얘기들이
향기로 박혀

살짝이라도 손댈라치면
바스락 몸서리치며
침묵을 곧추세운다

피어나지 못한 가슴들이
만개 멈춘 봉오리에
눈길 모은 채

미세한 떨림으로
안간힘 써보지만
연민의 시간은 미동도 없다가

흔드는 순간
먼지로
부서져 내린다

열정이 멈춰 버린
빈 가지에
주름진 목소리 마구 떨구며.

애도艾島

작고 보잘 것 없는
바다 꼬리뼈 어디쯤

그리움을
운명으로 깁고 사는
바다의 고독
쑥섬쑥섬

아슬아슬한 벼랑 끝
절뚝이는 가슴밭에
담금질하며

아무도
흉내낼 수 없는
자애의 쑥향 피워내며
쑥섬쑥섬

끊어졌다 이어지고
지워졌다
끝끝내 되살아나는

지문 없는
투박한 여섯 손가락
오선지의 노래
쑥섬쑥섬

해풍에 갈라터진
파도가 실어 나르고
눈물 훔친 갈매기가 주워 날라

갈라진 돌틈 사이
타전打電 하나 심으며
쑥섬쑥섬

오르내리기를 멈춘
미완의 음표들이
맞닥뜨린 소리에 하나둘 깨어나

마법처럼
주파수 찾아 길을 나서며
쑥섬쑥섬.

끝없는 유랑

-고려인 강제 이주 80주년에 부쳐

시베리아 횡단열차가
달리고 달려도
종착지의 깃발은 보이지 않는다

두만강의 사계가 핏빛으로 출렁여도
간이역의 유해로
배고픔의 뒤꿈치 갈아먹는 눈보라는
멈춤의 문을 내어 주지 않는다

이방의 길 위에
육자배기 텁텁한 꽃이 피어나고
낯선 산자락마다 뻐꾸기가 운다

마주보는 그만큼의 거리
아스라한 끝을 향해 달려 보지만
국경이 방향을 튼다

닿을락 말락 한 그 지점에서
탄성 뒤집어쓴 바퀴는
크르렁크르렁 또다시 속도를 높인다

구부러진 기침이
언덕에 작은 씨앗을 뱉어 놓는다
피었다 지고 피었다 지고
고향에 숲 이룰 그날을 손꼽으며.

등수리 노인

붉은 추억 몇 개
가을 끝자락 위에 올라타
한들한들 흔들릴 때
퀭한 눈에 장작개비 걸음으로
쓰러질 듯 병원 문을 들어선다

구부러진 아랫배 들추자
상흔의 넓이만큼
그 깊이만큼
과거를 쫙 벌린 생채기는
누런 고름으로 끈적대다가
팔짱 낀 비명을 토해낸다

하우스 농사를 벌여놓고
가을걷이를 어찌 할 수 없었던
초조함이
그 곁에 무뚝뚝하게 서 있다

팅팅 부은 살점 위로
애처로운 시간은
병실을 한숨으로 가득 채우고 나서야
고목에 꽃이 피듯

혈관 속으로 맑은 꽃망울을 띄어 놓는다

철판처럼 무거운 고통이
어느덧 쏜살같이 줄행랑을 치고
박차고 나간 문 틈으로
절룩거리는 설레임이 푸르게 춤추듯 달려온다.

- 한국국가시험정보원(국시원) 주최 체험수기 공모 시 부문 당선작

안과 겉

하나이지만
하나될 수 없는
슬픈 세레나데

피어나면 스러지고
스러지면 피어난다

더이상
팽창할 수 없을 때
숨비질로 터져 나오지만

정좌한 침묵
한 걸음 물러
물수제비로 답을 한다

오늘은 닿을까
끝 돌려 보지만

쫓아갈수록
더 큰 원을 담는다.

이파리 · 1

바람의 미세한 떨림에도
늘 깨어서
반응하고

휘몰아치는 격정에도
반짝이는 어깨
내어줄 뿐

내일을
핑계 삼아
붙잡아 두지 않는다.

1과 2 사이

출렁다리의 속삭임이 굳어지는 순간
손 내밀면 잡힐 듯
등껍질만 남긴 채 서 있는 헤아릴 수 없는 언어

풀려진 쳇바퀴는
무뎌지고 간극만 멀어질 뿐
그 거리는 닿을 수 없는 망망대해

끊어질 듯 위태하지만
가야만 하는 길의 끝
하루에도 수십 번 뛰어보지만
저당 잡힌 두 발은
네모난 추억 위에서 제자리걸음만

귀 멀고 눈먼 침묵도
빈 시간 위에 바램을 덧씌우고 있고
발가락엔 허연 바람소리만.

매달려 피는 꽃

퉁퉁 부은 눈물바구니 싹둑 잘린 어느 날
누군가 흘리고 간 짝짝이 신발들이
구멍난 운명을 점치고 있다
손사래를 쳐보아도 미동 없는 경적 소리는
두툼한 블록 위에 상처 난 몸을 와르르 쏟아낸다
열 뜬 몸은 끝도 없는 술래잡기로 뱅글거리고
겨우 저 닮은 향기 껴안고
가로등 불빛 아래 깜박 잠이 든다
꼿꼿이 허리 세운 침묵은
동 트자 몸 비틀어 따스한 햇살 길 내어준다
축축한 두려움이 꼬들꼬들 말라간다
눈물이 마르자 꽃잎이 한 뼘 이상 커져 간다
그 길이만큼 고개 숙인 어깨가 하늘로 향한다
축 쳐진 발걸음도 이따금 총총 뛰어오르고
등에 업힌 손을 흔들며 까르르 웃는다
무표정한 바람에도 물오른 손
날마다 흔들어 주며, 그 빛깔로 채색되어 간다
내일을 읽을 수 없는 꽃자리는
그저 받침이 되어줄 뿐 말이 없다.

제4부

쑥의 계절

자작나무

이름만 불러도
북서풍 내음으로 안겨 오는
당신

빈 땅 반지하 셋방에
쉰한 살 뿌리내리며
어린 오 남매와 숲 이뤄
옹기종기 살았다

햇볕 한 줌 담기 위해
종이처럼 얇은 옷 겹겹 입고
하얗게 김 서린 대문 나서면

빈 목덜미로 쏟아지는
매서운 한파 애써 등지며
바람의 문패마다
비릿한 우듬지 키웠다

당신을 그리면
푸르른 여름날의 기억보다
화장기 하나 없이

껍질 하나로 혹한 버티고 서 있던
흰 기도가 떠오른다

깡마른 두 손에
수도 없이 흔들리며 써 내려갔을
무수한 눈물과 상흔

치매로 100세 넘기지 못하고
단아하고 깔끔한 마지막 불꽃
자작자작 태우며 되돌아갈 때

통곡보다는
바스락거리는 옷자락 펼쳐
당신 닮은 새순 위에
추억 햇살 하나씩 수놓았다.

쑥의 계절

하룻밤 사이 벼락 맞은 나무처럼
굳어 버린 남편을 보낸 뒤
생선 대야 머리에 이고
무작정 길을 나선다

기어오르는 부끄러움은
생선 내장에 묻어 두고
쭈뼛거림은
소금 뿌려 숨죽여 놓고
골목길을 걷고 또 걷는다

두 볼이 다 트도록
엄마를 기다리는 비탈진 언덕에서
옹기종기 아픔 캐는 딸들

땡땡 언 속살 위로
어느 틈에 튀어오른
애틋함 한 송이

천근만근 두 다리
지친 석양 질질 끌며 돌아와

한 주먹은
향그런 봄국 끓여 먹고
한 주먹은
비린내 옆에 뉘인다.

복숭아

봉긋한 이마에서
연분홍향이 났다

맏이로 시집온 그해
비탈진 과수원 북서풍은
유난히 매서웠다

살얼음 서걱서걱한 신접살이는
궁둥이 한 번 붙일 틈 없는
간짓대처럼 출렁였다

종종대며 쓸고 닦아도
서성이는 봄바람은
창 한 뼘 내어 주지 않았다

들키고 싶지 않은 속울음
구석구석
솜털로 자라나자

다가갈 수도
만질 수도 없다며
가벼운 혀 끌끌 찼다

쓰러질 듯
앙상한 가지에
열은 새순 돋자

종잇장이 된 폐는
긴 장마 토해 놓고
꼬리만 남은 햇볕 둘둘 말아
굵은 심지로 디디고 일어섰다

몇 해를
문드러지며 피고 진
어느 여름날

뽀얀 미소로
붉은 노을 이고 온 달콤함
맑은 소리 흔들어 주고 있었다.

시골병원 앞 신호등

자정이 되면
어김없이
점멸등이 된다

앤블런스의 다급한 외침에도
수액의 박자보다 빠른 속도로
인적 없는 도시의 되돌이를 지워내고

이리 치이고 저리 치여
상처 난 횡단보도도 하얗게 잠들게 한다

건너에 퀭한 눈 깜빡이는
어둠이 있다

마주보지만
여전히 낯선 거리

높이 세운 통증에는
소등이 없다

소독된 상처는 선홍빛 신음을 하고
불 꺼진 창틀에는 실낱 같은 기도가

그렁그렁 별빛 쏟아낸다

조바심은 전염성이다
자동차의 페달은
남아 있는 거리의 속도를 먹고
거친 숨소리는 눈길의 또렷함을 먹는다

한곳에 있지만
서로 다른 엇박자는
가다 서다를 반복하는 긴 하루 서로 나누며
축축하게 누워 있다.

오빠의 하루

눈꽃 흐드러진 겨울
두 팔에 의지해
헐거워진 세월 굴린 지
십오 년

병상에
햇살 한 가닥 곧추서면
채워진 소변통보다
앉은뱅이 말씀이 먼저 손잡는다

등 돌려 모로 누운 굳은살들이
배꼽 드러낸 허공에
소리 없는 눈물 찍으며
기우뚱 희미해진 실핏줄 일으켜 세운다

설 수 없는 기도가
무릎 꿇은 심장 타고
낮게 울리면

밤새 어둠 깁던 물음은
하나둘 사그라지고
흐느끼는 마침표만 발신을 한다

뚜뚜뚜 뚜뚜

헝클어진 문틈 사이로
안부 묻는 발밑의 웅성거림이
점점 또렷해지고

허리에서부터 흐린 시간들은
한 꺼풀씩 띠 벗으며
한 평도 안 되는 빈 하늘을
빗질하고 있다.

나팔꽃

까만 안경 너머로
여름이 졸고 있다

치맛자락 펄럭임에 둥근 실눈 떠 보지만
흐릿한 눈동자는 주름진 허리 펴지 못하고
이빨 빠진 세월 떨군다

고여 있던 음성들이
낙화의 무게로 흩어진다

한낮이 부끄러워
캄캄한 연서로 대신하는
붉은 고백

죽음 넘나들며
젊음 저당 잡힌
꽃잎 몇 장

젊어진 수북한 가시줄 마디마디
반백斑白의 통로에 일일이 방점 찍고 있다

때로는 철장 사다리에
때로는 외줄에
목숨 친친 감고 구불구불 물음 피워놓는다

아침이 길게 울자
칼칼하던 입술이 하얀 침묵으로 말아진다

빗장 사이로 금 간 하루가 후두둑 떨어지고
등 굽은 상흔은
빗물 젖은 나팔 꺼내
돋보기 안으로 푸른 기억 연주한다
느리게 느리게.

믿음

홑겹의 하루는
늘 감기로
으슬으슬하다

여미고 덮어도
바람은 소름 돋은
묵상을 잘게 뉘인다

구석에는
무거운 열꽃이 먼저 앉아
푸석푸석한 신음으로
화석을 두드린다

또르르
눈물 한 방울
그 틈새 적신다

단단한 꼭짓점에
좁쌀만 한 푸르름
머리를 털며

날 세워진 선들
모두 지워 버린다

팽창하던 기도가
햇살에 납작 누워
단단한 길 되고 있다.

어머니의 기차

황소 같은 그녀도 일 년에 한 번
갈퀴 같은 손으로 먼발치에서나 그려 보던 분칠을 하고
꼬깃꼬깃 모은 쌈짓돈을 꺼내 병아리 닮은 옷을 샀다
새벽까지 보따리를 챙긴 노곤함은 깃털처럼 가볍고 부드럽기만 했다
눈꼽도 떼지 않은 새벽 버스에 마음을 싣고
금방이라도 어디든 데려다줄 것 같은 기차에 몸을 실었다
레일 위로 꼬질한 현실이 멀어질수록 슬픔도 그 속도만큼 달려갔다
길은 늘 두 갈래였다
끝을 헤아릴 수 없었다
꽃도 피고 새도 울고 비가 내렸지만
길은 눅눅해지기 시작했고 늘 질퍽한 둠벙이 생겨났다
그 너머에는 귀가歸嫁를 기다리는 어린 오남매가 있었다
거기 다다르면 늘 화려한 외출을 꿈꿨다
그럴 때마다 기차 바퀴에 떨어지던 눈물도 소리 내어 달렸다
그녀의 설움은 설핏 잠에서 깬 유난히 흔들리던 기차였다

왔던 길을 다시 되돌아가던 날
그녀는 깔깔대며 들꽃을 꺾어 어린 딸들에게 주었고
가슴에는 칸칸이 실려 있던 설움의 눈빛을 도장처럼 찍었다
자리가 바뀌어 짓누르던 현기증이 투명한 유리처럼 얇아져 금방이라도 깨질 것 같은 그날
그리움을 데리고 그녀는 기차에 몸을 실었다.

울 엄마

쌓인 그리움
쏟아질까
입술만 들썩이다

하지夏至면 닿을까
그림자 한껏 키워
빈 가슴 더듬어 본다

아무도
부르지 않는 개망초
다시 피는데

녹슨
태엽 돌리면
똑똑
막힘 없이 가는데

목놓아 불러봐도
고개조차 돌리지 않는
당신의 한마디

그리다 그리다
또
하루가
저문다.

어머니

찬바람 한 번에
악착 같은 모정
다 놓아 버린
기억 저편

생선 함지박을 꽃처럼 달고
이른 새벽부터 밤늦도록
쉼없이 생生을 흔들던 당신

꽃이 아니었기에
탐스러운 열매 넘보지 않고
가지마다 무성한 잎 피워
한없이 반짝이던 그때가 그립습니다

누구는
등푸른 물고기의 자맥질이
머리 위 또가리에서 심장으로 흘러들어
늘 싱싱한 잎사귀 펄럭였고

누구는
곧게 뻗은 나무의 원뿌리가

감당할 수 없는 고통까지도
안으로 안으로 삭히며 품어주었고

당신은
앙상한 잎맥에 의지한 채
초점 잃은 눈길로
이리 뒤척 저리 뒤척
바람결에 몸을 내어 맡깁니다

가끔
소나기라도 내리는 날엔
깡마른 부름켜에 깜빡깜빡 불이 켜져
건너지 못하는 횡단보도 앞에서
꺼이꺼이 목놓아 울었지요

들리지 않는 발자국 소리
애타게 기다리며
밤새도록 돌틈에 붙어
아침을 기다렸지요

무릎 꿇고 앉아
점점 가벼워져 가는 시간

잔잔한 향기가
코끝에 오래도록 남아서
헐거워진 웃음이 서러워
당신을 꼬옥 품고 하늘만 바라봅니다

흐느끼는 어깨 위로
가을이
바스락 소리 내며
마지막 인사 건넵니다.

제5부

하늘에 짓는 집

하늘에 짓는 집

바람의 땅 저기
고공 농성장에서
외침이 위태롭게 펄럭인다

철커덕 철커덕
지문 닳도록 컨베이어벨트가 돌아도
아슬아슬한 죽음의 경계

따스한 불빛 하나 갖지 못한
노동이 앉을 곳은
지붕 없는 하늘 귀퉁이

사다리 없앤 그곳엔
휘청이는 물음과
절박한 그을음이
빈 물병 채우고 있다

퇴근을 훨씬 넘긴
굳은살 박힌
의자 밑에서

고시원 쪽방으로
터벅터벅 발길 옮기는
빈 주머니에서

별이 된
속울음들이
등불 켜기 시작한다

녹슬고 힘도 잃었지만
온기 내어준 어깨 모아
꺼지지 않을 빛기둥 세운다

서까래도 드리우고
곰삭은 서러움도 비벼
한 장 한 장 무너지지 않을 박음질 한다.

교복 노동자

- 故 홍정운 현장실습생의 죽음을 추모하며

가을 하늘이
하얗게
잠든 아침

책가방 대신
헐렁한 잠수장비 뒤집어쓰고
물살 열어 등교한다

요트 밑바닥 따개비들은
어설픈 잠수부를
눈치 빠르게 가려내며
작은 손놀림에 맞서
팽팽한 기싸움 벌인다

이겨 본 적 없는 아이는
숨이 차올라
지느러미 바동거리며
튀어올라 보지만

짓누르는 납덩어리는
바다의 문을

굳게 잠금질한다

죽을 힘 다해
두드리는 손바닥에서
산산이 부서지는
윤슬의 꿈

푸른 바다로 위장한
잔물결이
덜 자란 이름 삼켜
돛 올린다는 소문이
파도로 출렁이자

하루 벌어먹고 살던
갈매기 떼 모여들고
침묵하던 갯바위도
제 몸 내어 주며

슬픈 이름 석 자
가슴에 달고
철썩철썩 끼룩끼룩
뜨거운 목소리 내고 있다.

구의역* 9-4 승강장

어둠 뭉개진 터널 속
기우뚱 기우뚱
뒤통수 지워진 이름

하루도 쉬지 않고
이리 치이고 저리 치이며
녹슨 함성 메고 온다

눈뜨기 힘든 꼬깃함
연신 고개 끄덕일 때

경적 소리
스크린도어로
페달 밟는다

헐거워진 자리마다
뿌리 내리지 못한 목마름이
끈적끈적 배어 있고

끝나지 않은 후렴구가
육중한 바퀴에 감겨
남은 숨을 헐떡일 때

쪼그리고 앉아
닿지 않는 발자국 세며
심지 켜는 열아홉 살의 가방

온종일
바람처럼
두드리고 고쳐 보지만

노란 경계에서
사발면 뚜껑 한번 열어 보지 못하고
허기 구겨 넣는다

기름때 절은 목구멍 타고
눈물 마른 국화 몇 송이
나사 빠진 속도의 간격 맞추고 있다

철커덕 철커덕.

＊구의역 : 구의역 스크린도어 사망사고는 2016년 5월 28일 서울지하철 2호선 구의역 내선순환 승강장에서 스크린도어를 혼자 수리하던 외주업체의 직원 김모군(19세)이 출발하던 전동차에 치어 사망한 사고이다.

할아버지 엄마

희뿌연 비닐하우스 안
때절은 이불 속에서 기어나와
마디마디 꽁꽁 언 고달픈 단잠을
힘없는 잔소리로 녹여내
실눈 뜬 아침을 재촉한다

시큼털털한 김치 한 그릇과
김 서너 장 차려진
시무룩한 밥상머리
심통 부리다 제 풀에 꺾인 두 녀석
허기진 시간을 꾸역꾸역 밀어 젖힌다

옹이 박혀 시린 연민은
쿨럭이는 쓸쓸함과
굽어진 허리를 쓸어안고서

살가운 배웅 대신
메마른 등에 의지한 채
피멍 든 상처를 골 깊은 주름에 감추고
겨우 겨우 맞춰 가는 조각난 길

삐걱거리는 리어카 위엔
긴 한숨과 질긴 목숨의 잔해들이
구겨져 있다

가슴팍에 황소 울음소리로
큼직한 도장을 찍어 놓고
구석구석 가시 박힌 한 지워내며
허물어져 가는 하루를 일으켜 세우고

포기하고 싶어도 포기할 수 없는
어린 것들을 쪼그라진 가슴에 달고서
오지 않을 것 같은 아침을 또 맞이한다.

오월증후군

입술 오므려 불러 보면
멈췄던 시간들이
다시 시작된다

파르르 떨리는 노래들은
창백한 허공에서
정처 없이 떠돌다

더러는 소복 입은
아카시아 봉오리로
뭉텅뭉텅 피어나고

더러는 장밋빛으로
경계의 담벼락을
칭칭 감아 오른다

그냥 불러봤을 뿐인데
허허로운 현기증이
앙상한 사지四肢에서 피어난다

숨쉴 때마다
늦봄의 살내음 같은 향기에 실려

한 뼘씩 자라나고

걸을 때마다
미처 감지 못한 눈물들이
회한으로 되살아난다

그날이 오면
여기저기 흐느끼는
빈 그림자와 어깨동무 하고

밤이 깊어가
쉬이 새벽을 부르지 못하는
죄스러움은 늘 등이 아프다.

박종태

화려함 속에서
향기로 선명하게 스며드는
당신이 있습니다

곱슬곱슬한 머리카락에
호탕한 웃음 묶으며
순백의 신념으로 산야 물들이는
택배 노동자

문자 메시지 한 통으로
짐짝처럼 던져진 30원짜리 목숨 위해
심장 터지도록 분노하며 처절히 울부짖던 당신

달디단 향내가 손 내미는 건지
지친 달빛이 쓰러지는 건지
흐느끼는 밧줄로 꽁꽁 묶습니다

오월이 오면
바람결에 은은히 타종되는
당신의 절규를 택배로 받습니다

부끄러운 손으로 상자를 열면
눈감지 못한
당신의 유서가 땡그렁땡그렁 손 내밉니다

그 소리 따라
엉거주춤 기울던 계절이
박자 맞춰 푸른 이파리로 일어섭니다.

목포 신항에서

물새 발자국
간간히 우는
유달산 용머리 끝자락

그림자 삼킨 세월이
껍질만 드러낸 채
누워 있다

나침반 움켜쥔 이들은
거친 물살의 주소
캐묻는다

멍든 파도는
조문을 읊조리지만
못 들은 척 지나간다

철조망 사이에 두고
바람 타고 온 말들이
탈출을 시작한다

마르지 않은 눈물이
돌 틈으로

후드득 떨어진다

사월 햇살에
기억들이
노란 춤사위로 꿈틀댄다

아우성들도
뱃머리 돌려
푸른 깃발 펄럭인다

뭍으로 올라온 먹먹함이
까무룩한 창공을
수놓자

지워지지 않을 길로
뚜벅뚜벅
걸어 가고 있다.

실업 · 2

가고자 하는 곳 저 어디쯤
각인된 길 위의 지문들이 희미해진다
앞서가던 그림자는
생기 잃고 휴지통으로 버려진다
겨우내 지독한 고통 품어 온 매화향조차
어깨 한번 펴보지 못한 채 코끝에서 쓰러진다
털어낼 새 없이 뒷굽에 쌓인 곰팡내 시간을
가끔 뜨겁게 말려서 없앤다
어느 돌 틈에서 죽지 않고
뿌리내린 일상을 찾게 되면
손끝에 올려놓고 고백한다

하루를 달려온
그 안에 점점이 박혀진 발자국이
왜 그리도 빛나 보이는지.

우리도 사람이다

바닥에 고개 붙이고 하늘 등에 지고 살며
펴질 날 없는 관절통으로 하루가 저릿저릿
쓸고 닦는 먼지가 외로운 구석구석 하얀 설움으로 앉는다
구겨진 휴지가 밤새워 울고
뺑 뚫린 주머니 움켜쥐고 지하실 찬바람 물 말아먹고
'어디 감히'가 이름인 줄 알고 목소리 한 번 치켜떠 보지 못한다
푹신한 양탄자 깔린 높은 문턱 앞에 앉아
숨소리보다 더 빨리 더 크게 터져 나오는 심장박동 감추며
허물어져 가는 어깨에 어깨 걸고 고래 고래 외친다.

노원구 경비원의 죽음

고요 휘감은 토요일 아침
실눈 뜬 가지마다 바튼 기침을 한다

밤새 문밖 서성이던 퀭한 눈 안으로
관절 빼근한 의자가 앉는다

뿌연 시야 속으로
온몸 풀어헤친 광란이 다가온다
휘휘 저어 보지만
줄 끊긴 포효는 심장의 벌떡임보다 앞서 달려간다

불이야 불이야
굳게 잠긴 철문은 대답이 없다
날카로운 절규가 층간을 허물어뜨리자
잠 덜 깬 고성들이 사방으로 흩어진다

엘리베이터 덜컹거림이 아득히 멀어지고
거친 물살은 흔들리는 공포를 쓰러뜨린다

하루가 굳어져 갈 즈음
누에고치 껍질을 벗고
드르륵드르륵 등 굽은 재봉틀

처음 흔들어 본 날갯짓 따라
눈물 번진 꽃송이로 뒤따른다

가야 할 길은 저기
창공 더듬는 시맥 울컥 떨어진다.

제6부

여기 나주

그날

처음으로
삼백 년 넘은 비자나무 아래
노란 꽃 피었다

오랜 세월 동안
공자 왈 맹자 왈
담장 적시던 그곳

누구는
금녀의 집으로 선 그었고
누구는
원로元老의 집합소라 했다

턱 있던 영난문에
경사로 놓이고
낡은 기와에
웃음소리 영글어 갈 즈음

어른 아이 할 것 없이
굽어진 돌담 지나
선비의 하루 더듬어 갔다

묵향은
별빛으로 빛나고
마당 수놓은
경쾌한 발자국 소리 사이로

향교의 등불이었던 회화나무
두 팔 힘차게 뻗어
새 천 년의 이야기
써 내려가고 있다.

나주극장*

나주천 가까이
높다란 침묵으로 둘러싸인
긴 담장의 공간

삐걱거리는 문 열자
찌지직 어둠 속에서
먼저 달려오는 대한 뉴스

나라 빼앗긴 설움
희극으로 녹여내며
웃고 울리던 변사의 목소리

수십 년 노을빛에 물들어
허리 굵은 담쟁이
촘촘한 울타리 되고

회한 감싸주던 커다란 지붕
몇 가닥 남지 않은 추억 붙잡고
희미하게 버티고 있다

걸음 옮길 때마다
들썩이는

먼지들의 호소

누군가의
숨넘어가는
저릿저릿한 이야기

끊어진
작은 도시의 한나절
다시 이어 주길 기다리며

사방 곳곳
멈춰진 것들 품고
허공 돌려가며 비추고 있다.

*나주극장 : 나주시에 위치한 1930년 대 일제강점기 극장으로 건물이 현존하는 근대건축물이다.

석당간*

굽이쳐 흐르는
영산강 너머

뱃머리 앞
돛대 펄럭이며
강물의 지문 따라 나아간다

금성산 아래
기름진 들과
바다 품고

어떤 날은
폭풍우 휘몰아치고
어떤 날은
안개 자욱하지만

흔들린 시간마다
당당히 치솟은
중심 붙잡고 유유히 흘러

천년의 시간 위에
가람의 빛 새기며

곧게 서 있다.

*석당간 : 나주 동점문 밖 석당간(羅州 東漸門 밖 石幢竿) : 보물. 나주시 동점문 밖에 있는 11m 높이의 고려 시대 당간과 지주. 주민들은 '장사 주렁 막대기'라고 불러왔으며, 나즈의 땅 모양이 배 모양이기 때문에 안정을 빌기 위해 당간을 돛대로 세운 것이라는 말이 전해오고 있다.

영산강

용추봉 골짜기에서
삼백 리 돌고 돌아 가는
남도의 강

왜적의 침입에 맞서
고향 등진
영산현榮山縣의 설움

한 방울 한 방울
휘어지고 깎여진
척박한 땅 적시며

곡강으로
유유히
굽이쳐 흘러간다

때로는
뼈 빠지게 일하고도
목숨줄 부지할 수 없었던
억새의 피눈물 닦아 주고

때로는
해진 소맷귀
그 애간장 녹은 치마폭
힘차게 펄럭여 주기도 하며

오냐 오냐
젖가슴 풀어헤친
어머니의 속살로 흐른다

그 강물 결에 기대어
씨 뿌리고 푸르름 키워
탐스럽게 영근 가람의 열매

모질게 살아낸
어머니의 물빛 발가락
보듬으며

새로운 천 년 향해
묵묵히
흘러간다.

금성관*

나주 중심에
좌우 날래 펼치며
우뚝 서 있다

비단의 생산지
금성

드넓은 땅에
도포자락 펄럭이던 시간
박석 되어 우둘투둘하지만

오백 년 지켜 온 침묵
날아가는 새의 깃털 속으로 빨려 들어가
망화루 난간에 걸터앉는다

붓 대신 칼 들고
호미 대신 죽창 들었던 함성
나이테 선 따라
둥글게 둥글게 울려 퍼진다

더러는 꺾이기도 하고
더러는 큰 곡선으로

신작로 이쪽 저쪽 잇는
점의 자취

기꺼이 한몸 내던진
지푸라기 같은 이름 앞에
굽은 은행나무의 마음으로 서 있다.

*금성관(錦城館) : 보물. 나주객사로 임금을 상징하는 전패(殿牌)와 궁궐을 상징하는 궐패(闕牌)를 모시고 매달 초하루와 보름에 대궐을 향해 예를 올리는 망궐례(望闕禮)를 행하던 공간.

나주 향교*에서

금성산 장원봉 밑
빛바랜 꽃살문 어디쯤

양 갈래 땋아 내린
싱그러움

천년의 고즈넉함
똑똑 두드리면

오백 년
주름진 향 흩뿌리며
여린 살갗 간질인다

까르르까르르
담장 넘은 여린 웃음
형형색색 풀어놓으면

명륜당에서 대성전까지
지워진 문답問答 써 내려가고

흰 수염 쿨럭임으로
뺑뚫린 세월 이으며

잠든 얘기 꺼내 펼친다

시간의 길이만큼
침묵 덧댄
노거수 은행나무

딱지 내린 어제 위로
미소 접은 오늘을
살포시 올린다.

*국가지정문화재(사적), 고려 성종 6년(987년)에 창건되어 조선 태조 7년(1398)에 중수. 훌륭한 유학자를 제사하고 지방민의 교육과 교화를 위해 나라에서 지은 교육기관이며 전묘후학의 구조. 나주향교 대성전은 1963년 보물로 지정되었으며, 5성(伍聖)과 송조4현(宋朝四賢), 우리 나라 18현(十八賢)의 위패가 봉안되어 있다.

어느 봄밤

유채꽃 노란 흐느낌
달무리지던 밤
낯선 걸음 하나
녹슨 철제다리 위를 서성인다

누워 별빛 세던 영산강은
톡톡 떨어지는 넋두리에 놀라
물살 흔들며 말을 건네 보지만
주소 지운 그림자는 말이 없다

울다가 웃다가
딸랑 배낭 하나 짊어진 슬픔은
바람에 실려 온 꽃향에 서러워 또 운다

잊고 살았던 비릿함이
흐릿하게 길을 가로막고 선다
숭숭 구멍 뚫린 마음 한 자락
주섬주섬 구겨 넣고 뒤를 돌아다본다

어둠 내린 강둑에는
독백 들어 주는 이 없어
하루살이의 휘파람만
잉잉 날고 있다.

백호 임제

삭풍 잠든 들녘에서
희디흰 소망
나즈막이 불러본다

지척 분간할 수 없는 시대에
바람의 들숨과 날숨으로
살다간 당신

인적 끊긴 돌무덤가
긴 세월 설움 다 삭혀
우뚝 선 눈동자

구진포의 강물처럼
일제히 일어나
흰 도포자락 펄럭이며
애달픈 연가 부르고 있다.

나주 영모정*에서

영산강 짙은 침묵
허리춤에 감고
노거수 빈손으로
겨울 석양에 물든 자리

긴긴 세월
분주했던 발자국
비바람에 깎여 희미해졌지만

창살마다 스며든
지순한 사랑
못다 부른 망부가로 발길 사로잡는다

어버이는 괜찮다 손짓하지만
한평생 물기 젖은
손 마디 마디

명치 끝에서
아련한 눈물로 피어나
고개 숙인 강물 위로
둥둥 떠내려간다

그때도 그랬을까
한바탕 요동치던 물결
잠잠해지면

축축한 영모의 시어들
나이테로 물들어
귀래의 노래 부른다.

*나주 영모정(永慕亭) : 전라남도 기념물. 1520년 귀래정 임붕(林鵬)이 창건하였고, 명문장가 백호 임제(林悌)가 글을 배우고 시작(詩作)을 즐기던 유서깊은 건물. 처음에는 임붕의 호를 따서 귀래정이라고 불렀으나, 1555년에 임붕의 두 아들이 아버지를 추모하기 위해 재건하면서 영모정이라고 하였다.

나주 계은고택*

봄날 오후를
추켜들고 찾아간
도래 마을

열려진
쥔장의 어깨 너머로
석양이 물들어 간다

시간의 빗장 여니
스며드는 고요

반쯤 녹슨 홍매화
탄성으로 터져 나오고

손 내밀지 못한
연민
연리목 감아 오른다

비바람에
갈라지고 벗겨져
번들번들한 윤기 잃었지만

눈길 줄 때마다
엷은 미소
촘촘히 채운 문장으로
되살아나는 목소리

마루에 걸터앉자
묵향 배인 발자욱들
톡톡 마음 두드린다.

*나주 계은고택 : 국가민속문화재. 나주시 다도면에 있는 풍산홍씨 홍기응 가옥.

평설

강현옥 시인의 시집 출간을 축하하며

박 덕 은 (문학박사, 문학평론가)

강현옥 시인은 1968년 5월 16일 전라북도 완주군 구이면에서 아버지 강철수 씨와 어머니 김엽비 씨 사이에서 1남 4녀 중 셋째로 태어났다.

초등학교 입학하면서 전주로 이사를 온 그녀는 어릴 적에는 감수성이 예민하고, 욕심 많고, 고집 센 아이였다. 초등학교 4학년 때 개신교 신앙생활을 하게 됐고, 지금까지 그녀의 마음을 지탱해 주는 중심이 되고 있다. 본인이 직접 한 알의 밀알이 되어 평등하고 아름다운 세상을 만들 수 있으면 좋겠다는 생각을 많이 했다.

고등학교 때 대학을 갈까 말까 갈등을 많이 했다. 그녀의 아버지가 초등학교 3학년 때 갑자기 돌아가시고, 어머니 혼자 생선장사를 하면서 5남매를 키워야 했기 때문이다. 큰 수술도 했고, 평생 손에서 물기 마를 날 없이 살아오던 어머니를 호강시켜 드려야 한다는 강박이 있었다.

대학을 진학한 해가 1987년이었다. 막상 대학에 들

어갔는데, 시대가 시대인지라 하루가 멀다 하고 데모가 일어나기 시작했다. 어느 날 우리 사회의 문제가 우리 부모가 나쁘고 게을러서가 아니라, 이 사회의 구조적인 문제 때문이라는 선배의 말을 듣게 되었다. 그런 나라를 물려 줘서는 안 된다는 생각으로 데모를 하기 시작했다. 대학 4년 내내 사회운동은 계속되었고, 문예동아리를 하면서 풍물, 탈춤, 행사 기획 등을 두루두루 섭렵하며 문화활동가로 성장하기 시작했다. 그러다 대학 4학년 때 전주에 있는 예수병원 노동조합 노래패 강사로 활동하게 되었다.

1995년 1월 운동권 출신의 남편을 만나 결혼을 했다. 2010년 그녀의 남편이 나주에서 무소속 도의원으로 출마를 하게 되자, 그녀는 20년 노동운동을 정리하고 나주로 활동의 근거지를 옮겼다. 병원에 취업해서 간호조무사로서의 새 삶을 이어갔다. 그러나 간호조무사로 사는 삶은 그녀에게 잘 맞지 않았다. 생명을 살리는 가치는 좋았지만, 중소병원의 비조직적인 환경과 수동적인 시스템이 그녀를 힘들게 했다. 그러던 어느 날 우연히 '나주향교 이야기꾼 강좌'를 신청하게 되었다. 그게 인연이 되어 2014년부터 문화재청 나주향교 활용프로그램 담당자로 일을 하게 되었다. 향교 문화재를 현대적인 감각으로 해석하여 사람들이 보호하고 바라보는 문화재가 아니라, 만져보고 참여하는 친숙한 문화재가 되게 하는 활용사업이었다. 2017년 나주향교 활용사업이 문화재청 3년 연속 우수프로그램으로 선정되면서 명예의 전당에 오르는 영광까지 안게 되었다.

하루는 그녀가 이렇게 말했다.

"저는 몸은 힘들지만 '무'에서 '유'를 창조하고 공공의 이익에 부합하는 실천이 있는 문화기획자의 삶을 사랑합니다."

그녀는 2010년 남편 선거운동을 위해 지역의 이곳저곳을 다니다가 우연히 큰 아이의 5학년 담임 선생님인 김영순 시인을 만나게 되었다. 굉장히 곱고 단아한 분이라는 생각을 하고 있었는데, 정년퇴직 기념 시집을 발간했고, 시 공부하는 모임이 있으니 한 번 와보라고 했다. 중학교 때 품었던 시인의 꿈이 생각났다. 이때를 그녀는 이렇게 회상했다.

"하루는 지금의 나주학생독립운동기념관을 방문하게 되었는데, 박덕은 교수님의 수업 방식이 너무 재미있어서 시간 가는 줄 몰랐습니다. 행복했습니다. 선거준비 기간이라 얼른 일어나야 하는데 수업이 끝날 때까지 일어나질 못했습니다. 회원님들도 너무 자상하셨고 따스했습니다. 아마도 나주에 아는 사람이 없어 외로웠는데 사람 냄새 나서 좋았나 봅니다. 어쨌든 딱 한 번만 가리라 다짐했던 곳에 지금까지 13년을 다니고 있으니 보통 인연은 아닌 것 같습니다. 시 공부는 그때 당시 힘들고 지쳤던 제 마음을 표현하는 도화지였고 고해성사의 자리였습니다. 아마 그때 시를 쓰지 않았다면 제 삶이 긴 시간 외롭고 쓸쓸했을 것 같습니다."

그녀는 2011년 10월 월간지 《문학공간》 시 부문 수상을 통해 등단하게 되었다. 그녀가 처음 문학상 수상을 한 곳은 2011년 국시원에서 주최한 체험 수기 공모전이었다. 이후 2015년 빛창 문학상, 2017년 향촌 문학상 대상 수상, 2018년 독도문학상, 2019년 이준 열사 문학상, 2020년 나주시장상, 2024년 한국예총 신진예술가상 등을 수상했다. 이외에도, 남명문화제 시화문학상 포랜컬쳐상, 전주기령당 충효 문학상, 부산 문화글판, 충주문학관 문학상, 한민족 통일 문예제전 문학상, 수원 문학상(시 부문), 지구사랑 문학상, 나주시 소통글판 우수상 등을 수상했다.

지금 현재 나주문화원 이사와 나주예총 감사, 전남시인협회 사무국장으로 활동하고 있다.

자, 그러면 이제 강현옥 시인의 우아한 시 세계 속으로 탐험을 떠나보자.

까만 안경 너머로
여름이 졸고 있다

치맛자락 펄럭임에 둥근 실눈 떠 보지만
흐릿한 눈동자는 주름진 허리 펴지 못하고
이빨 빠진 세월 떨군다

고여 있던 음성들이
낙화의 무게로 흩어진다

한낮이 부끄러워
캄캄한 연서로 대신하는
붉은 고백

죽음 넘나들며
젊음 저당 잡힌
꽃잎 몇 장

짊어진 수북한 가시줄 마디마디
반백斑白의 통로에 일일이 방점 찍고 있다

때로는 철장 사다리에
때로는 외줄에
목숨 친친 감고 구불구불 물음 피워놓는다

아침이 길게 울자
칼칼하던 입술이 하얀 침묵으로 말아진다

빗장 사이로 금 간 하루가 후두둑 떨어지고
등 굽은 상흔은
빗물 젖은 나팔 꺼내
돋보기 안으로 푸른 기억 연주한다
느리게 느리게.

-「나팔꽃」 전문

시적 화자는 나팔꽃을 소재로 낯설게 하기와 이미지 구현의 진수를 보여 준다. 7~8월에 피는 나팔꽃을 시적 화자는 "까만 안경 너머로/ 여름이 졸고 있"다고 표현하고 있다. 더위에 지친 8월을 졸고 있는 여름으로 낯설게 하기를 하니 멋지다. 나팔꽃은 해가 진 후 꽃망울이 열리기 시작하여 다음날 정오 무렵에 시든다. 꽃이 피는 순간을 치맛자락 펄럭임으로 해석하면서 "둥근 실눈 떠 보지만/ 흐릿한 눈동자는 주름진 허리 펴지 못하고/ 이빨 빠진 세월 떨군"다고 말하고 있다. 나팔꽃을 대변하고 있는 시적 화자가 노인인 듯하다. 뒤이어 낙화의 무게로 흩어지는 음성이 있다. 그 음성은 오늘의 입술을 떠난 순간의 음성이 아니라, 고여 있던 음성이다. 그 음성은 가슴에 꼭꼭 담아두었던 어떤 슬픔일 수도 있고, 사랑에 대한 미련일 수도 있다. 그 음성이 낙화의 무게로 흩어진 것이다. 마음을 비우겠다는 의지일까, 어쩔 수 없이 흘려보내겠다는 체념일까, 그게 무엇이든간에 내려놓음으로 향하는 시적 화자의 발걸음이 느껴진다. 캄캄한 연서로 대신하는 붉은 고백, 젊음 저당 잡힌 꽃잎, 일일이 방점 찍고 있는 줄기가 나팔꽃을 새롭게 해석하고 있다. 시적 화자는 "때로는 철장 사다리에/ 때로는 외줄에/ 목숨 친친 감고 구불구불 물음 피워놓"고 있다. '외줄', '목숨 친친 감고'에서 치열하게 살아온 한생이 엿보인다. 안간힘으로 버틴 지난날들을 떠올리며 어떤 질문 같은 '구불구불 물음'을 피워놓는다. 사색적인 삶을 나타내는 멋진 표현이다. 삶의 고비 때마다 그 삶이라는 벽을 넘어서기 위해 아등바등 발돋움하면서도 끊임없이 자신에게 질문하며 방향과 의미를 찾아나섰던 처절함이 느껴진다. 그리고 하얀 침묵으로 말아지는 입술, 빗장 사이로 금간 하루, 푸른 기억 연주하는 등 굽은 상흔 등의 표현이 새롭다. 신선하다. 시의 맛이 살아 있다. 시를 어떻게 써야 할까에 대한 물음에 정답을 내놓은 듯하여, 눈길을 끈다.

가고자 하는 곳 저 어디쯤
각인된 길 위의 지문들이 희미해진다
앞서가던 그림자는
생기 잃고 휴지통으로 버려진다
겨우내 지독한 고통 품어 온 매화향조차
어깨 한번 펴보지 못한 채 코끝에서 쓰러진다
털어낼 새 없이 뒷굽에 쌓인 곰팡내 시간을
가끔 뜨겁게 말려서 없앤다
어느 돌 틈에서 죽지 않고
뿌리내린 일상을 찾게 되면
손끝에 올려놓고 고백한다

하루를 달려온
그 안에 점점이 박혀진 발자국이
왜 그리도 빛나 보이는지.

–「실업 · 2」 전문

시적 화자는 실업에 대해 잠시 탐구하고 있다. 해질녘이 지나고 어스름이 내리기 시작하면 하룻길을 걸었던 햇살의 지문이 희미해진다. 햇살의 실업은 그렇게 시작된다. 그렇게 시작된 실업의 저녁을 어둠은 어슬렁어슬렁 걸어다닌다. 자정을 건너 까마득한 침묵을 움켜쥐고 새벽이 올 때까지 견뎌야 한다. 이렇듯 햇살의 실업도 아득한 두려움을 버텨야 한다. 햇살의 실업보다 더 아득한 현실에서의 실업은 더하면 더하지 덜하지는 않을 것이다. 까마득하게 먼 내일의 희망에 가닿을 때까지 실업을 견뎌야 한다. 시적 화자는 그런 실업의 막막함을 "가고자 하는 곳 저 어디쯤/ 각인된 길 위의 지문들이 희미해진다"고 표현하고 있다. 취업해서 원하는 삶을 살아갈 꿈을 꾸었을 텐데 그 꿈의 지문들이 희미해지고 있으니 얼마나 답답할까. "각인된 길 위의 지문"이라는 표현이 멋지다. 시는 이렇듯 에둘러 표현해야 한다. '각인된 길 위의 지문'에서 취업을 위해 내달렸던 노력과 열정이 느껴져 아프다. 실업의 잔상들은 생기 잃고 휴지통에 버려지는 그림자, 겨우내 지독한 고통 품어온 매화향, 털어낼 새 없이 뒷굽에 쌓인 곰팡내 시간, 돌 틈에서 뿌리내린 일상 등으로 묘사되고 있다. 시적 화자는 실업에서 탈출하기 위해 "털어낼 새 없이 뒷굽에 쌓인 곰팡내 시간을/ 가끔 뜨겁게 말려서 없"애고 있다. 실업으로 인한 서러움과 아픔을 "뒷굽에 쌓인 곰팡내 시간"이라고 표현하고 있다. 실업의 고단함이 느껴지는 멋진 표현이다. 이 지점에서 시적 화자의 어떤 의지가 보인다. 반드시 실업을 탈출하겠다는 다짐이 보인다. 다짐이 있다고 해서 실업을 탈출하는 것은 아니지만 그 다짐들이 모이면 취업의 문이라는 희망을 찾을 수 있다. 그 희망을 시적 화자는 "하루를 달려온/ 그 안에 점점이 박혀진 발자국이 왜 그리도 빛나 보이는지"로 표현하고 있다. 희미한 지문에서 빛나는 발자국으로 나아가는 시적 화자의 방향에 박수를 보낸다. 자연스런 시어 배치, 순조롭게 흐르는 시적 형상화 등이 좋은 상징의 요소들을 더욱 빛나게 해주고 있다.

처음으로

삼백 년 넘은 비자나무 아래
노란 꽃 피었다

오랜 세월 동안
공자 왈 맹자 왈
담장 적시던 그곳

누구는
금녀의 집으로 선 그었고
누구는
원로元老의 집합소라 했다

턱 있던 영난문에
경사로 놓이고
낡은 기와에
웃음소리 영글어 갈 즈음

어른 아이 할 것 없이
굽어진 돌담 지나
선비의 하루 더듬어 갔다

묵향은
별빛으로 빛나고
마당 수놓은
경쾌한 발자국 소리 사이로

향교의 등불이었던 회화나무
두 팔 힘차게 뻗어
새 천년의 이야기

써 내려가고 있다.

-「그날」 전문

시적 화자는 향교의 정경을 바라보고 있다. 저 한 됫박의 노란 꽃을 피우기 위해 삼백 년이라는 세월이 걸렸다. 삼백 년 전이라면 영조와 정조의 개혁정치가 시작되는 시점이다. 저 비자나무는 뒤주에 갇혀 죽어 가는 사도세자의 아픔과 일제강점기의 서러움과 K-문화를 모두 지켜봤을 것이다. 그 서러움을 견디고 K-문화를 꽃피었기에 노랗게 노랗게 피어난 것일까. 한 됫박의 노랑을 수확할 때까지 담장 적시며 글을 읽는 소리가 해질녘을 불러오고 아침을 깨웠을 것이다. 바람의 체온이 내려가면 굴뚝으로 연기를 밀어 올리며 소리를 따스하게 데웠을 것이다. 어둠의 혀끝이 차가워지면 글 읽는 소리를 접고 햇살의 손끝이 따스해지면 다시 글 읽는 소리를 활짝 폈을 것이다. 그렇게 향교는 글 읽는 소리로 일어나고 잠들었을 것이다. 향교의 정경은 비자나무 아래 노란 꽃, 담장, 영난문, 낡은 기와, 굽어진 돌담, 회화나무 가지 등의 이미지로 그려져 있다. 그 안에 웃음소리, 선비의 하루, 경쾌한 발자국 소리, 묵향, 향교의 등불, 새 천년의 이야기가 담겨져 있다. 시적 화자는 먹에서 나는 은은한 향기인 "묵향은/별빛으로 빛나고" 있다고 표현하고 있다. 늦은 밤까지 글 읽는 소리가 별빛으로 환하게 다가온다. 벼루에서 꽃피어난 별들이 반짝반짝한다. '먹'이라는 무채색을 갈아 밤하늘로 불씨를 건네는 글 읽는 소리가 낭랑하게 들려온다. 시각 이미지와 촉각 이미지와 청각 이미지와 후각 이미지가 서로 어우러져, 향교를 선명히 그려내고 있다. 이미지 구현만으로도 얼마든지 시의 특질을 드러낼 수 있음을 깨닫게 해주고 있다.

하루의 문이 열린다
근육들이 먼저 알고 일어선다
꼭짓점 하나 찍어 놓고
끝없이 절뚝이며 한 방향으로 나아간다
또각또각 콧노래 부르며 나아간다
밑 단단한 깔창은
역동의 고단함 품고
물기 젖은 음표들은 주저 없이 나아간다
흔들리고 중심 잃은 꼬리표들이 부초처럼 떠다닐 때도
어둠 속에서도 앞으로 나아간다
기꺼이 감내하는 향그러움까지
가장 낮은 곳에서 눈을 맞추며 나아간다
뭉개지지 않는 노래 한 소절씩 힘껏 찍으며 나아간다.

-「신발 · 1」 전문

시적 화자는 신발에 대해 새롭게 해석하고 있다. 생의 무게가 실릴수록 신발의 뒷굽은 닳아져 간다. 조금씩 조금씩 시간과 걸음을 주워 담으면서 신발은 닳고 해져 간다. 살아온 삶의 뒤안길처럼 실밥이 터져도 오늘의 길을 또 묵묵히 가야 한다. 눈을 뜨면 또다시 길로 내몰리지만 그 길을 벗어나고서는 살아갈 수 없는 게 신발의 인생이다. 간혹 번뜩이는 광을 내며 반짝이지만 금방 먼지가 내려앉고 사연이 내려앉아 그 광은 오래 가지 못한다. 생의 오르막과 내리막을 건너면서 뒤엉킨 걸음을 풀어야 한다. 비탈길이나 자갈밭처럼 엇박자를 내는 길들을 조심조심 풀어내며 하룻길을 걸어야 한다. 그런 느낌으로 다가오는 신발에게 하루의 문이 열린다. 신발을 대변하는 시적 화자의 자세는 "꼭짓점 하나 찍어 놓고/ 끝없이 절뚝이며 한 방향으로 나아간다"고 표현하고 있다. "끝없이 절뚝이며"에서 아픔이 느껴진다. 생의 막다른 골목으로 몰아세운 아픔들이 느껴진다. 그 아픔들과의 절충점을 찾기 위해 숨을 헐떡이며 다시 걸음을 걸었을 것이다. 때로는 종종걸음으로 때로는 뜀박질로 달렸지만 세상은 내 맘과는 다르기에 어긋난 길들을 지우기란 쉽지만은 않았을 것이다. 그래도 콧노래 부르는 걸로 보아, 절망적이지 않다. 물기 젖은 음표들도 나아간다. 중심 잃은 꼬리표들이 어둠 속을 떠다닐 때도 나아간다. 감내하는 향그러움으로, 가장 낮은 곳에서 나아간다. 노래 한 소절씩 힘껏 찍으며 나아간다. 신발의 특성 그대로 시적 형상화 되어 있다. 그러면서, 상징의 고리를 끝까지 이어가고 있어, 독자를 설득시키는 데 성공하고 있다.

어제가
충혈된 눈으로 뒤척인다

여명은 문밖 서성이는데
물끄러미 바라본다

구멍난 무릎이
어지러움을 수놓는다

헤진 발꿈치는
한 차례 지독한 목마름을 앓고 나면
한 뼘씩 커간다

낭떠러지 어디쯤
화석이 되었을지 모를 가지 더듬는다

희미해진 끝물이 못다 부른 노래
그 악보의 뒷페이지를 넘길 수 있을까

동그랗게 바라보는 되돌이표 지우며
무거운 현기증 일으켜 세운다.

-「눈뜨지 못한 새벽」 전문

시적 화자는 눈뜨지 못한 새벽에 자기 자신에 대해 관찰한다. 어제라는 아픔이 발목을 붙들면 눈뜨는 새벽이 얼마나 힘들까. 잠이 들어 영영 깨어나지 않았으면 좋겠다라는 생각도 하면서 잠들었을 것이다. 아니, 그런 생각이 현실로 일어나기를 간절히 소망했을지도 모른다. 시적 화자는 그 아픔을 "어제가/ 충혈된 눈으로 뒤척인"다고 말하고 있다. "충혈된 눈"에서 슬픔이 느껴진다. 충혈될 때까지 쉬지도 못하고 어제의 서러움을 견디며 맨발로 저녁을 걸으며 자정을 건너 새벽까지 왔을 것이다. 망각의 뒤란이라도 있으면 좋으련만 다시 새벽이다. 어제의 아픔으로 찢기고 구겨진 말들을 다시 주워 입고 깨어나야 한다. 골목에 뿌려진 슬픔의 발자국들을 다시 밟으며 길을 떠나야 한다. 그 모든 시작을 알리는 새벽을 만나야 하는 시적 화자. 새벽이 얼마나 무서울까. 다시 눈을 감아 새벽을 사라지게 할 수 있다면 좋으련만, 새벽은 불편한 소식처럼 달려온다. 새벽과 함께 여명은 문밖에서 서성인다. 구멍 난 무릎이 말썽이고, 발꿈치는 지독한 목다름을 앓는다. 희미해진 끝물이 못다 부른 노래, 그 뒷페이지에 눈길이 간다. 그러다, 되돌이표 지울 때 현기증을 느낀다. 의식의 흐름을 따라가며 이미지로 구현해 놓고 있다. 무기력한 현대인의 내면을 시적 형상화해 놓자. 무수한 할 말들이 솟구쳐, 독자들을 대신 위로해 주고 있다.

시베리아 횡단열차가
달리고 달려도
종착지의 깃발은 보이지 않는다

두만강의 사계가 핏빛으로 출렁여도
간이역의 유해로
배고픔의 뒤꿈치 갈아먹는 눈보라는
멈춤의 문을 내어 주지 않는다

이방의 길 위에
육자배기 텁텁한 꽃이 피어나고
낯선 산자락마다 뻐꾸기가 운다

마주보는 그만큼의 거리

아스라한 끝을 향해 달려 보지만
국경이 방향을 튼다

닿을락 말락 한 그 지점에서
탄성 뒤집어쓴 바퀴는
크르렁크르렁 또다시 속도를 높인다

구부러진 기침이
언덕에 작은 씨앗을 뱉어 놓는다
피었다 지고 피었다 지고
고향에 숲 이룰 그날을 손꼽으며.
-「끝없는 유랑 -고려인 강제 이주 80주년에 부쳐」 전문

시적 화자는 고려인 강제 이주 80주년에 부쳐 고려인의 끝없는 유랑에 대해 공감대 그릇을 놓아 둔다. 2017년은 한인들이 중앙아시아로 강제 이주한 지 80년이 되는 해다. 그동안 한인들은 중앙아시아에서 '고려인'으로 불리며 살아왔다. 1937년, 구소련 지도자 스탈린은 연해주에서 살고 있는 17만 명의 고려인을 강제로 이주시켰다. 짐짝처럼 화물열차에 실려 중앙아시아로 떠나야 했다. 그 서러움을 시적 화자는 "시베리아 횡단열차가/ 달리고 달려도/ 종착지의 깃발은 보이지 않는"다고 표현하고 있다. 자신의 의지와 관계없이 그것도 조국으로부터 더 먼 곳으로 강제 이주해야 했던 한인들의 아픔 앞에서 순간 가슴이 먹먹해진다. 1937년을 온통 슬픔과 분노로 치닫게 했던 조국의 서러움이 느껴져 아프다. 절박한 기도는 독립이라는 꽃을 피

우기도 전에 툭 떨어지고 가슴에 품은 불씨는 자꾸만 바람이 불어와 꺼져 가는데, 파문처럼 우는 울음만 번져갔을 것이다. 시베리아 횡단열차가 마르지 않는 슬픔을 덜커덩거리며 달린다. 흐르는 울음의 방향을 모색하지도 못한 채 희멀건 기차역을 스쳐지나간다. 땅거미가 깔리는 낯선 대지를 무뚝뚝한 노을빛이 적시며 지나간다. 종착지는 보이지 않는다. 배고픔과 눈보라 속을 달린다. 이방의 길, 낯설 산자락, 아스라한 끝이 가슴을 억누른다. 기차 바퀴는 크르렁 소리 내며 달린다. 구부러진 기침은 언덕에 작은 씨앗 뱉어 놓는다. 낯설게 하기, 즉 새로운 해석으로 다가가 그날의 아픔을 독자에게 전해주고 있다. 사물을 바라보는 시야가 깊고 넓다. 새로운 해석의 터에 나라 잃은 한인들의 유랑과 아픔과 소망의 씨를 뿌려 전율의 꽃밭을 이뤄내고 있다.

이름만 불러도
북서풍 내음으로 안겨 오는
당신

빈 땅 반지하 셋방에
쉰한 살 뿌리내리며
어린 오 남매와 숲 이뤄
옹기종기 살았다

햇볕 한 줌 담기 위해
종이처럼 얇은 옷 겹겹 입고

하얗게 김 서린 대문 나서면

빈 목덜미로 쏟아지는
매서운 한파 애써 등지며
바람의 문패마다
비릿한 우듬지 키웠다

당신을 그리면
푸르른 여름날의 기억보다
화장기 하나 없이
껍질 하나로 혹한 버티고 서 있던
흰 기도가 떠오른다

깡마른 두 손에
수도 없이 흔들리며 써 내려갔을
무수한 눈물과 상흔

치매로 100세 넘기지 못하고
단아하고 깔끔한 마지막 불꽃
자작자작 태우며 되돌아갈 때

통곡보다는
바스락거리는 옷자락 펼쳐
당신 닮은 새순 위에
추억 햇살 하나씩 수놓았다.

-「자작나무」 전문

시적 화자는 자작나무를 제목으로 올려놓고 어머니의 상을 오버랩시켜 놓고 있다. 자작나무는 위도가 높은 곳에서 자라기 때문에 시베리아나 북유럽, 동아시아 북부, 북아메리카 북부 숲의 대표적인 식물이다. 나무의 껍질이 하얗고 종이처럼 벗겨진다. 독재는 아주 단단하고 곧기 때문에 영험한 나무라고 여기며 신성시하였다. 그래서일까, 자작나무와 어머니의 연결이 자연스러워 "이름만 불러도/ 북서풍 내음으로 안겨 오는/ 당신"이 가슴 뭉클하다. 고단한 어머니의 삶을 '빈 목덜미로 쏟아지는/ 매서운 한파 애써 등지며/ 바람의 문패마다/ 비릿한 우듬지 키웠다"고 표현하고 있다. 가진 것 없는 현실을 '빈 목덜미'로 표현해 안타까움이 더해지면서도 멋지다. 추상을 구상으로 잘 그려냈다. 어머니는 힘든 현실 속에서도 "바람의 문패마다 비릿한 우듬지" 키웠다. 삶의 고비를 '바람의 문패'로 연결지어놓고 안간힘으로 키워낸 삶의 열매를 '비릿한 우듬지'로 형상화시켰다. '비릿한'에서 어머니의 고뇌가 읽혀진다. 우듬지는 나무줄기의 끝 부분을 말하기에 어머니와 자작나무가 자연스럽게 오버랩된다. 그렇게 5남매를 키운 숲, 종이처럼 얇은 옷 입고 매서운 한파 견디던 나날, 화장기 하나 없이 껍질 하나로 혹한 버티던 흰 기도, 깡마른 두 손과 무수한 상흔, 단아하고 깔끔한 마지막 불꽃, 당신 닮은 새순 위에 수놓은 추억 햇살. 이러한 표현들이 하나 하나 살아 있다. 매 연마다 이렇듯 살아 있는 이미지와 낯설게 하기가 시의 품격을 한층 높여 주고 있다.

어릴 적부터 혼자였다

주위 맴도는 물빛이 온몸 뜨겁게 휘감아도
석양이 지고 나면
얼굴은 늘 창백했고
닿을 수 없는 세계였다

누구에게도 마음 열지 못하는 외톨이
하루 종일 재잘대는 물결 일 때마다
멀미하듯 지평선 너머의 세상을 한 장 한 장 배워갈 뿐

어떤 날은 다리가 헤지도록 서서
창공에 점이 되는 철새 떼의 비상과
자리 비우고 돌아오는 물고기 떼의
힘찬 자맥질을 배우기도 했다

스무 살이 되자 붙박이 자신이 싫어졌다
잠든 밤바다 따위를
홀로 깨어 비추는 일에 싫증이 나
온몸의 불을 모조리 꺼 버렸다

어느 날
곱디고운 꽃들이
물 위로 둥둥 떠올랐다
손잡아 줄 누군가 없어
헤지고 찢어져 흔적 없이 사라졌다
처음으로 흩어진 꽃잎 부둥켜안고 꺼이꺼이 울었다

다시는 잠들지 않으리
다시는 보내지 않으리

단 하루도
눈 감지 않는 다짐으로
가슴까지 충혈 되어 지금껏 바다를 지키고 있다.
-「빨간 등대」 전문

시적 화자는 빨간 등대를 바라보며 어떤 인생사를 되짚어보고 있다. 시 제목이 등대가 아니라 「빨간 등대」다. 빨강이라는 색을 굳이 쓴 이유가 뭘까. 남들과 어울리지 못하는 외로움을 빨강으로 표현하고 싶었던 것일까. 아니면 자신의 삶을 포기하지 않고 끝까지 뜨겁게 살아가겠다는 의지의 표현일까. 둘 다인 듯하다. 시적 화자는 등대와 오버랩되는 어느 인생사의 어린 시절을 "얼굴은 늘 창백했고/ 닿을 수 없는 세계였다"고 말하고 있다. 아픔이 느껴지면서도 멋진 표현이다. '창백'과 '닿을 수 없는 세계'에서 짙은 외로움이 느껴진다. 외톨이로 살아가지만 "물결 일 때마다/ 멀미하듯 지평선 너머의 세상을 한 장 한 장 배워"간다. 외롭다고 자신의 세계에만 갇혀 있는 게 아니라 지평선 너머의 세상을 바라보며 배워 간다. 이 지점에서 삶을 뜨겁게 살아가겠다는 시적 화자의 의지가 돋보인다. 하지만 의지가 있다고 해서 삶이 만만하지는 않다. "어떤 날은 다리가 헤지도록 서서" 견뎌야 한다. 그렇게 열심히 살던 스무 살 무렵, 갑자기 자신이 싫어졌다. 시적 화자는 그렇게 시작된 삶의 고비를 "온몸의 불을 모조리 꺼 버렸다"로 표현하고 있다. 멋진 표현에 박수를 보낸다. 등대의 불빛이 꺼진 어느 날, 물 위로 떠오른

죽음을 본다. 처음으로 꺼이꺼이 울다가, 결심을 굳힌다. 다시는 눈을 감지 않겠다고. 그때부터 지금까지 오로지 바다만 지키고 있다. 빨간 등대를 통해 어떤 인생사를 깊이 얘기하고 있다. 빼어난 수작이다. 이미지로 가슴에 안겨 오는 감동이 파르르 떠는 듯하다. 차분하게 펼쳐지는 시심의 파동이 마음을 젖게 하고 행복하게 한다.

봄입술 오므리자
민낯이 아득한 시간 깨운다

두 평 남짓한
사랑 구역 2호

진득한 눈길 한번 주지 못하고
허허로움 콕콕 쪼아대는 그리움 불러 세운다

엉중엉중 다가서는 어설픔이
황톳빛 고랑들을 바라본다
마주서는 횟수만큼 봄볕이 물드는지
실오라기 하나 없는 추억들이 줄지어 누워 있다

오래된 이야기를 호미로 내리치자
가슴팍 통증들이 퍽퍽 사방으로 흩어지고
단단하던 혀의 언어들이 순순히 뒤섞인다

가루가 된 모음과 자음들이
오밀조밀 간극 벌려

덜 여문 씨앗 밀어 넣는다

한 번씩 발길 줄 때마다
통통히 살 오른 안부를 묻고
바라봐 주고
만지고 쓰다듬는 정성에
살아남은 휘파람 불어 준다

외다리로 서 있는
낯선 땅에서
잡초랑 함께 클지라도.

-「도시 텃밭」 전문

향촌문학상 시 부문 대상 수상작인 이 시의 시적 화자는 텃밭을 유심히 관찰하고 있다. 텃밭은 가족의 건강을 뒷받침해 주는 곳이다. 잎마다 빛을 발라주는 햇살의 붓질이 있고 마른 목젖을 적셔주는 촉촉하고 말랑한 아침이슬이 있어, 텃밭은 무럭무럭 자란다. 텃밭은 주인의 관심으로 환한 날들로 물오르고 공중을 향해 뻗어오르는 푸르름들이 활기차다. 주인의 성격을 닮아가며 초록의 소리를 쩌렁쩌렁 내지르기도 해 길을 오가는 걸음들을 잠시 잡아두기도 한다. 한낮의 시간과 밤의 고요가 몰입해 텃밭을 키우는 것일까, 햇볕과 달빛이 텃밭에 내려앉아 있다. 가만히 귀기울이면 초록의 숨소리가 새근새근 들리는 듯하다. 좀처럼 게으름을 피우지 못하는 초록의 성장기를 텃밭은 나근나근하게 써 내려간다. 두 평 남짓한 텃밭은 허허로움 콕콕 쪼아대는 그리움 불러 세우는 곳, 실오라기 하나 없는 추억들이 줄지어 누워 있는 곳이다. 시적 화자는 텃밭에서 호미질을 하면 "가슴팍 통증들이 퍽퍽 사방으로 흩어지고/ 단단하던 혀의 언어들이 순순히 뒤섞인"다고 말하고 있다. 시적 화자의 통증이기도 하고 텃밭의 통증이기도 한 '가슴팍 통증'은 사방으로 흩어져 텃밭에서의 일이 치유와 즐거움으로 다가온다. 단단한 흙을 '오래된 이야기'와 '단단한 혀의 언어'로 낯설게 한 점도 멋지다. 또 호미질을 한 후의 흙은 '가루가 된 모음과 자음들'이라고 말하고 있다. 이 또한 멋지다. 텃밭은 덜 여문 씨앗 밀어 넣는 곳, 관심과 정성에는 살아남은 휘파람 불어 주는 곳, 잡초와 함께하며 외다리로 서 있는 낯선 땅이다. 우리는 오랫동안 시가 뭘까, 묻고 의심하고 회의에 빠지기도 했다. 하지만, 여기서 만나는 시심과 시와 느낌은 다르다. 읽을수록 시의 맛과 멋이 살아 있다. 그래서 좋다.

억겁의 세월 낡은 치마폭에 담으며
뿌연 햇귀 잡고 일어서는 아침
밤새 안부 묻는 괭이갈매기의 울음에
콜록콜록 메마른 기침이 현기증 일으킨다

망망대해의 몸짓은 어제와 같으나
암갈색 허리춤은 보이지 않는 살을 깎아
굽어져 가는 절리의 새벽을 세우고
외로움 가득 등대 위에 걸어놓는다

밤새 문밖 서성이던 장군바위가
바다제비의 힘찬 날갯짓에
잠들지 못한 시름 내려놓으며
기상나팔 펄럭이고
머리맡 지키던 술패랭이 섬장대가
고사리 손 흔든다

고개 들자 어머니의 눈물이 지평선에 걸려 있다
죽어도 눈 감지 못하는 문무대왕의 혼을 받들며
어린 딸자식 한번 건사하지 못한 모진 운명이
출렁출렁 흐느껴 운다

허연 백발이 되어서야 깨닫는 모정
대물림하고 싶지 않은 왕명을 옷섶에 새겨 넣으며
동해의 검푸른 파도에
주름진 이마 적시며 일어선다

멀리 백두대간의 따스함이
울릉도를 지나 안용복 해산으로 뻗어오자
물개바위 독립문바위도 촉촉한 눈빛 거두고
물골바위의 생명수도 똑똑 호흡을 시작한다.

- 「어머니의 섬, 독도」 전문

독도 문학상 수상작인 이 시의 시적 화자는 독도에 대한 애정을 숨기지 않는다. 자식 중에서도 가장 마음이 쓰이는 자식을 우리는 아픈 손가락이라고 한다. 독도는 우리 국민의 아픈 손가락이다. 최대 서식지인 독도에 강치(바다사자)의 울음이 스며 있어 독도는 한반도의 자식인 것이다. 독도가 일본에 의해 강탈당하면서 강치를 마구잡이로 포획했다. 그리고 얼마 후, 우리는 국권까지 빼앗겼다. 그러기에 강치의 울음은 한반도의 울음인 것이다. 지금도 궂은 날이면 독도는 강치의 울음이 배어나와 철썩철썩 눈물 흘린다. 독도를 갉아먹고 한반도를 갉아먹었던 일본의 야욕은 백 년이 흘러도 아직도 현재진행형이어서 아프다. 그 슬픈 역사를 독도는 장문의 편지로 기록하고 있는 것인지, 한낮에는 윤슬의 펜으로 쓴 문장이 일렁이고, 밤이면 달빛의 연필로 쓴 문장이 일렁인다. 이와 같은 독도의 아픔을 에둘러 표현하기 위해 "밤새 안부 묻는 괭이갈매기의 울음에/ 콜록콜록 메마른 기침이 현기증 일으킨다"고 말하고 있다. "콜록콜록 메마른 기침"과 "현기증"에서 아픔이 묻어난다. 시적 화자는 독도를 "억겁의 세월 낡은 치마폭에 담"고 있다고 말한다. '치마폭'은 어머니의 이미지와 오버랩되어 있어 멋지다. 독도는 보이지 않는 살을 깎아 절리의 새벽 세우는 곳, 등대 위에 외로움 걸어놓는 곳, 장군바위가 시름 내려놓는 곳, 고사리 손 흔드는 술패랭이 섬장대가 지키고 있는 곳, 문무대왕의 혼을 받들고 있는 곳, 동해 파도에 주름진 이마 적시며 일어서는 곳, 촉촉한 눈빛의 물개바위 독립문바위, 생명수 똑똑 호흡하는 물골바위가 함께하는 곳이다. 시적 화자의 눈에 포착된 독도의 모습은 애틋하다. 이렇듯 독도는 이미지 구현으로 다시 태어나고 있다. 바라보는 눈길도 싱그러워 함께하는 눈길도 뿌듯하다.

뻐꾸기 울음 구슬픈
수유리 묘지에 앉아
고이 잠든 당신 불러 봅니다

외로운 유년 탓하지 않고
십자가 사랑 구슬 꿰어
늘 함께한 순결함

비바람 몰아치던 한밤중엔
북두칠성 횃대 삼아
뚜벅뚜벅 나아가던 우직함

대쪽 같은 청백리의 기개로
시베리아 넘고 페테스브르크 거쳐
헤이그에 꽃피운 핏빛 조선

불의에 맞선 그 하얀 절규가
111년 동안
한반도의 심장으로 이어져

꺼질 줄 모르는 등불로
지금도 뜨겁게
타오르고 있습니다.

-「그날의 함성」 전문

이준 열사 문학상 수상작인 이 시의 시적 화자는 이준 열사에 대한 예찬과 감사와 감동을 시적 형상화해 놓고 있다. 이준 열사는 1907년 7월 네덜란드 헤이그에서 개최된 만국평화회의에 고종의 특사로 파견되어, 을사조약의 무효와 독립에 대한 열강의 지원을 요청하다가 순국했다. 겨레의 불씨가 캄캄하게 꺼져 가던 그 시절에 온몸을 던져 겨레의 밑불이 되기를 자청했던 이준 열사. 그 마음을 시적 화자는 "비바람 몰아치던 한밤중엔/ 북두칠성 푯대 삼아/ 뚜벅뚜벅 나아가던 우직함"이라고 말하고 있다. 어두운 시대적 상황을 "비바람 몰아치던 한밤중"이라고 하고 나아가야 할 방향은 "북두칠성 푯대"라고 말하고 있다. 비바람 몰아치면 북두칠성이 보이지 않을 텐데 나아가는 걸음이 얼마나 고달팠을까. 네덜란드 헤이그에서 열강들의 냉담한 반응으로 이준 열사는 절망했을 것이다. 한반도의 심장을 조여오는 일제의 만행으로 절규했을 것이다. 조국을 구할 비상구는 어디에도 보이지 않아 출구 없는 어둠만 계속 걸었을 것이다. 열강들의 차가운 말투에 절반의 희망마저 꺾여, 돌아오는 그 길이 얼마나 서글펐을까. 개인의 일이었다면 모르는 척 스스로의 절망을 속이기라도 했을 텐데 한반도에 불어닥치는 그 불운 앞에서 얼마나 분노했을까. 그 아픔을 시적 화자는 '헤이그에 꽃피운 핏빛 조선'과 '불의에 맞선 그 하얀 절규'로 나타내고 있다. '핏빛 조선'에서 그 당시에 느꼈을 절박함과 서러움이 만져진다. 수유리 묘지에 안장된 이준 열사는 푯대 세우고 나아가던 우직함, 대쪽 같은 청백리의 기개, 헤이그에서 꽃피운 핏빛 조선, 불의에 맞선 하얀 절규, 지금도 한반도의 심장에 꺼지지 않는 등불이다. 이준 열사에 대한 다양한 예찬이 끝없이 펼쳐지고 있다. 이 예찬 속으로 흐르는 감사와 감동이 독자들의 눈시울을 적시게 하고 있다. 시는 가슴의 장르라서, 이처럼 가슴속에서 저절로 일어서는 감동의 전율이 무엇보다 중요하다.

붉은 추억 몇 개
가을 끝자락 위에 올라타
한들한들 흔들릴 때
퀭한 눈에 장작개비 걸음으로
쓰러질 듯 병원 문을 들어선다

구부러진 아랫배 들추자
상흔의 넓이만큼
그 깊이만큼
과거를 쫙 벌린 생채기는
누런 고름으로 끈적대다가
팔짱 낀 비명을 토해낸다

하우스 농사를 벌여놓고
가을걷이를 어찌 할 수 없었던
초조함이
그 곁에 무뚝뚝하게 서 있다

팅팅 부은 살점 위로
애처로운 시간은
병실을 한숨으로 가득 채우고 나서야
고목에 꽃이 피듯
혈관 속으로 맑은 꽃망울을 띄어 놓는다

철판처럼 무거운 고통이

어느덧 쏜살같이 줄행랑을 치고
박차고 나간 문 틈으로
절룩거리는 설레임이 푸르게 춤추듯 달려온다.

-「등수리 노인」 전문

한국국가시험정보원(국시원) 주최 체험 수기 공모전에서 시 부문 당선작인 이 시의 시적 화자는 등수리 노인에 대해 애정 깊은 시선을 보내고 있다. 시 제목의 '등수리'를 인터넷에서 검색하면 지번 주소로 전남 나주시 산포면 등수리가 나온다. 시적 화자는 아마도 그 주소지에 살고 있는 등수리 노인으로 추정이 된다. 황홀한 청춘을 다 보내고 바삭바삭 입술이 마르는 노년으로 들어선 노인. 해질녘처럼 이우는 삶 앞에서 검버섯은 봉긋 꽃피어났을 텐데, 하우스일로 고생하는 하루를 밤낮없이 펄럭이며 또 하루를 견뎌야 한다. 막걸리 한 사발로 남은 여생을 추스려 보지만, 깡마른 몸은 그것마저 감당하기 힘든지 버겁다. 젊음으로 질주했던 그 뜨거운 생의 바퀴는 어디 가고 생의 바닥 같은 병원 문으로 들어선다. 병원까지 끌고 왔던 그 서러움을 시적 화자는 "상흔의 넓이만큼/ 그 깊이만큼/ 과거를 쫙 벌린 생채기는/ 누런 고름으로 끈적대다가/ 팔짱 낀 비명을 토해낸"다고 말하고 있다. "과거를 쫙 벌린 생채기"와 "팔짱 낀 비명"에서 어떤 울음소리가 들리는 듯하다. 누런 고름이 끈적일 때까지 참고 있었을 노인의 현실이 엿보여 안타깝다. 끌고 온 뒤안길이 오늘의 아픔과 맞물려 자꾸만 삐걱거리지만 그래도 또 해야 할 일이 남아 있어 일어서야 한다. 다시 일어서는 그 마음을 "박차고 나간 문 틈으로/ 절룩거리는 설레임이 푸르게 춤추듯 달려온"다고 말하고 있다. 고통 속에서도 희망을 향해 나아가는 그 걸음 같은 "절룩거리는 설레임"이 멋지고 고맙다. 묵묵히 시의 특질에 가까운 세계로 들어가 맛깔스럽게 시 창작을 하고 있는 시인, 그가 바로 강현옥 시인이다.

시는 찰나의 예술이다. 픽션의 세계에서 노니는 감성의 파노라마, 이를 이미지 구현으로 그림을 그리는 장르이다. 매번 관찰하는 각도와 시야와 시선을 바꿔, 새롭게 바라보고 새롭게 해석하길 즐긴다. 기시감을 최대한 피해, 매번 신선한 옹달샘을 찾는다. 느낌이 식상하지 않도록, 새로운 오솔길을 개척한다. 할 수 있다면, 오묘한 정서의 세계, 감성의 동산으로 들어가, 섬세한 감촉으로 대화를 나눈다. 한 번도 만나 보지 못한 감성과 담소 나누며, 무한한 느낌의 향기를 서로 전달한다. 그 순간 전해져 오는 전율, 감동의 전율과 손잡고 너울너울 춤춘다. 그 춤을 추며, 새로운 시야를 열어, 보다 폭넓은 세상을 받아들인다. 매번 시는 머리의 시가 아니라, 가슴의 시임을 인정하고 받아들인다. 되도록 가슴에 시심의 꽃이 피도록 안내하고 가꾼다. 직설적인 주제 노출을 가급적 피하고, 최대한 에둘러 표현하며, 가능한 한 상징의 통로를 통해 의미를 전달한다. 반복되지 않는 표현기법들을 동원하여 징검다리 놓듯 각 연에 이미지를 깔아 놓는다. 그래야 물 흐르듯 시적 형상화와 이미저리가 펼쳐진다. 강현옥 시인의 시들은 이러한 시의 특질들을 고루 갖추고 있어서, 눈길을 끈다. 특히 이미지 구현의 솜씨가 세련되어 있다. 시 곳곳에 번뜩이는 낯설게 하기는 감탄을 자아낸다. 시 전편이 고른 수준을 유지하고 있어, 독자의 눈이 즐겁다. 탄탄한 실력과 한결같은 성실성이 시의 우아함을 더욱 돋보이게 해주는 건 아닐까.

앞으로 제2, 제3의 시집을 발간하면서, 여생의 행복을 만끽하길 바란다. 지금 쌓아놓은 시 창작의 실력으로 디카시집, 시조집, 동시집까지 알뜰한 열매로 거두기를 소망해 본다. 부디 오래도록 건투를 빈다.

- 아주 기분 좋은 서늘바람이 불어오는 늦가을 밤에

한실문예창작 지도 교수 박덕은

(문학박사, 전 전남대학교 교수, 사단법인 노벨재단 이사장,

문학평론가, 시인, 동화작가, 수필가, 소설가, 화가)